Christine Halat

Nur eine Geschichte

Christine Halat

NUR EINE GESCHICHTE

Bibliografische Information der Deutschen Nationalbibliothek:
Die Deutsche Nationalbibliothek verzeichnet diese Publikation in
der Deutschen Nationalbibliografie; detaillierte bibliografische
Daten sind im Internet über dnb.dnb.de abrufbar.

Umschlaggestaltung, Satz und Layout:
kerstin thiem grafik design

Fotos: Mandy Cherundolo Photography

Herstellung und Verlag:
BoD – Books on Demand, Norderstedt

ISBN 978-3-7534-6476-3

Für meinen Vater,

der mir die Sterne zeigte.

„Wenn es einen Gott gibt, lacht er sich

kaputt, was wir Menschen hier treiben"

und für meine Kinder

immer

DAS MENÜ DES LEBENS

Dieses Buch soll anregen, Lust machen.

Wenn ihr mögt, macht dieses Buch zu eurer Geschichte.

Schreibt etwas dazu oder denkt nur.

Verbuddelt es bei Vollmond unter eurem Lieblings-baum.

Nehmt es mit euch auf eurer nächsten Reise,
wenn Zeit ist, die Gedanken frei.

Lasst es liegen, wie zufällig.

Wer weiß, wer es findet.

Dieses Buch ist im Entstehen.

Es wird sich verändern.

Wachsen.

So wie wir.

Mein Ziel ist der innere Frieden. Auf dieses Ziel ist mein Kompass gerichtet. Denn, wenn wir uns Frieden auf der Welt wünschen, bleibt uns keine andere Wahl, als bei uns selbst anzufangen. Nur durch die konsequente, liebevolle Betrachtung unseres Selbst wird sich wahrhaftig etwas ändern. Können wir uns selbst verändern. Können wir den Blick auf die Welt verändern. Wir sind nicht machtlos. Manches scheint ausweglos und erschreckend. Dennoch ist Veränderung möglich.

Also, los! Kompass auf „Inneren Frieden" stellen! Lasst uns gemeinsam losschippern. In ein friedliches Selbst, in eine friedliche Gesellschaft, in eine friedliche Welt.

Christine

PS: Habt viel Freude bei dem Buch, nehmt es leicht. Und bei Fragen? Ihr werdet mich sicher finden.

APERITIF

Warum sind wir, wie wir sind? Was ist Glück? Woran glauben wir? Diese und viele andere Fragen haben mich beschäftigt, seitdem ich denken kann. Sie waren mein Motor und haben mich geleitet. Sie haben mich dazu gebracht, Menschen zu beobachten. Schon von klein auf. Ihre Mimik, ihre Gesten und Reaktionen. Mich selbst zu beobachten, das geschah erst ganz unbewusst, beiläufig. Dann bewusster, notwendiger.

In den letzten zehn Jahren habe ich mich intensiv mit meinem und somit dem menschlichen Bewusstsein beschäftigt. Es kam zur richtigen Zeit ein wichtiger Mensch in mein Leben. Mit einem eingeklemmten Nerv bin ich auf Anraten einer Bekannten zu einer Osteopathin gegangen. Besser gesagt: zu ihr gehumpelt. Was ich bei ihr erlebte, geht weit über die herkömmliche Osteopathie hinaus. Mit ihrer unglaublich sensiblen Wahrnehmung und ihrer Neutralität, die ich so bis dahin noch nie bei einem Menschen erlebt hatte, konnten wir das Erlebnis und die damit verbundene, unterdrückte Emotion aufspüren, die zu meinem Leiden geführt hatte. Schmerzfrei verließ ich sie wieder und konnte es nicht fassen.

Diese Begegnung war aufwühlend und sogar verstörend für mich, aber dennoch zog sie mich wie magisch an. Ich blieb bei ihr. Besuchte ihre Kurse, die sie nach einiger Zeit begann. Lernte meine vielfältigen Emotionen anzunehmen, Fremdes abzulegen, zu spüren. Fand zu mir und meinen eigenen, angeborenen Wahrnehmungen, welche immer stärker wurden, je freier ich mit mir war. Ich fand wieder und immer wieder zu einer Erkenntnis, einer Klarheit, und die Suche nach dieser Klarheit ist und bleibt mein Motor. Sie wird mich höchstwahrscheinlich den Rest meines Lebens begleiten. Ich habe gelernt, dass wir nicht allein sind. Wir können immer die Hilfe von anderen Menschen in Anspruch nehmen, oder anderen mit einem Rat zur Seite stehen. Ich schreibe dieses größtenteils autobiografische Buch, weil ich meine Erfahrungen und Erkenntnisse weitergeben möchte.

Ich schreibe es, weil ich es selbst erlebt habe – es selbst gelebt habe und es immer noch erlebe. Ich habe erlebt, wie Ruhe in mir einkehrte. Ich habe diese kleine Wunder erlebt. In mir und in der Beziehung mit anderen Menschen. Ich habe erlebt, wie sich die Sicht veränderte, als ich begann, mich mit mir selbst zu beschäftigen. Ich habe erlebt, wie schön es sein kann. Ich habe erlebt, wie beängstigend es sein kann. Denn wer kennt ihn nicht, diesen Moment, an dem wir uns verloren fühlen? Wenn aus dem Moment Momente werden und wir in einer Krise stecken? Was aber, wenn wir diese Krise als Möglichkeit betrachten, uns selbst zu begegnen. Begegnen? Ja! Finde ich besser, als finden. Diese „Selbstfindung" kann einem schon Angst einjagen. Aber es ist nur ein Wort. Wie an allen Wörtern haftet etwas an ihnen. Schwingt etwas in uns, wenn wir sie hören.

Die Buchläden sind voller Erzählungen und Geschichten. Voller Erlebnisse von Menschen, die sich aufgemacht haben. Auf eine Suche, meist eine Reise zu sich selbst. Auch ich habe viele solcher

Bücher gelesen. Habe sie verschlungen und wurde durch unzählige Werke und Gedanken geprägt. Sie haben mir Halt gegeben, und ich konnte mich selbst in ihnen wiederfinden. Vielleicht müssen wir uns nicht auf eine große Reise begeben, um uns selbst zu begegnen. Wir müssen nur den Entschluss fassen. Ja, ich weiß. Ich kann hören, wie ihr ausatmet und denkt: „Ja, klar. Nur den Entschluss fassen, ist ja ganz einfach."

Nein! Es ist nicht einfach. Es macht Angst, weil wir den nächsten Schritt, die nächste Stufe in unserer Entwicklung noch nicht kennen. Uns selbst so noch nicht kennen. Wir wissen nicht, was uns erwartet. Niemand kann uns wirklich darauf vorbereiten.

———————

Was glaubt ihr, wie leicht es mir fiel, diese Zeilen zu schreiben? Nun, es hat Wochen gedauert, bis ich mich an meinen Laptop gesetzt habe. Mir die Zeit genommen habe, denn scheinbar war immer etwas wichtiger. Denn auch das ist eine Begegnung mit mir selbst. Dieses Schreiben. Wie viel „Ich" halte ich aus?

Ihr werdet es erleben. Ein dicker Wälzer wird es sicher nicht. Dazu bin ich zu ungeduldig. Hach, seht ihr? Ich ertappe mich selbst. Warum dieses „zu"? Warum denke ich nicht lieber: „Hey, Christine! Du bist gut in Kurzgeschichten. Es ist dein erstes Buch."

Wie ihr seht, übe auch ich noch wertschätzend oder zumindest milder zu mir selbst zu sein. Dieses „zu" begegnet mir ständig im Alltag. Ich mache „zu" wenig, bin „zu" viel dies, „zu" wenig das.

Vielleicht könnten wir versuchen, uns selbst wie ein Kind zu betrachten? Würde ich meinem Sohn, nachdem er eine kurze Geschichte geschrieben hat, sagen: „Junge, das ist viel zu kurz. Aus dir wird nie ein Schriftsteller, wenn du nicht mindestens 500 Seiten schreibst."? Nein, natürlich nicht. Ich würde in Begeisterungsstürme ausbrechen, ihn loben, ermutigen. Warum fällt es uns bei uns selbst so schwer?

Gut, ich schreibe jetzt, weiter so.

Wo bin ich stehengeblieben? Ach ja, bei dem Entschluss, mir selbst zu begegnen und dass niemand uns darauf vorbereiten kann.

Denn es sind meine Ängste, meine Hürden, meine emotionalen Verletzungen, meine Freude, mein Leid. Niemand, aber auch wirklich niemand, hat vorher oder wird jemals genauso empfinden wie ich oder du. Darum ist alles, was du liest, alles was du von der Außenwelt an Impulsen bekommst, eben nur das: ein Impuls!

Du entscheidest, welchen Weg du gehen möchtest. Du allein!

Vor einem Jahr habe ich beschlossen, eine längere Auszeit zu nehmen. Ich befand mich im Niemandsland, als wäre ich gestrandet. Bei Kindern kann man diese Entwicklungen und Phasen nachvollziehen.

Für Kinder ist es in Ordnung, wenn sie plötzlich weinen, wütend werden, allein sein wollen. Spielen, abtauchen und ihre Umwelt vergessen. Aber bei uns Erwachsenen? Da sieht es schon anders aus, oder? Wir hören auf zu fühlen, denn der Verstand übernimmt die Oberhand. Wir stecken fest in Bewertungsmustern. Sortieren unsere Emotionen und Wesensseiten nach gut und schlecht, nach lieb und böse. Sind lieber freundlich, als anzuecken. Das „Geben" ist angesehener als das „Nehmen". Wir hören auf zu spielen, durch Pfützen zu laufen, im Regen zu tanzen. Wieviel Wut, Trauer, „nicht immer lieb sein", um nur ein paar Beispiele zu nennen, lassen wir wirklich zu?

Auf dem Weg zu unserem nun erwachsenen Ich heißt es dann wieder auszusortieren. Denn dein Ich interessiert es nicht, wie du die Eigenschaften findest, die zu dir gehören. Es verlangt nach Wahrhaftigkeit (ich liebe dieses Wort). Dieses Sortieren, sich Befreien von gesellschaftlichen, religiösen oder persönlichen Meinungen und Denkmustern, kann eben auch beängstigend sein. Da will ich euch nichts vormachen. Auch das habe ich erlebt und werde es wieder, vielleicht in anderer Art, aber dennoch wieder erleben. Ich versuche, es mit meinen Worten zu beschreiben, wie ich es vor einiger Zeit erlebt habe:

Es herrscht Chaos. Ich wache auf und alles ist fremd. Ich gehe durch den Tag, wie durch einen qualvollen Nebel. Gespräche mit Menschen fühlen sich plötzlich bedrohlich an. Jedes Wort, das aus meinem Mund kommt, ist falsch und irgendwo in meinem Körper sitzt ein Männchen mit fletschenden Zähnen und peitscht auf meine Nervenbahnen. Weinen tut nicht mehr gut, ist nicht mehr heilsam oder befreiend. Es zieht mich nur noch weiter in den Sog. Das schlechte Gewissen, die Kinder, wieder Weinen. Die langen Nächte, Gedanken, die keinen Halt mehr finden. Noch mehr Gedanken, noch mehr Tränen.

Ich befinde mich wie in einem Strudel, der mich immer weiter und weiter nach unten zieht. Ich bleibe zu Hause. Beschränke meine sozialen Kontakte auf das Notwendigste. Putze (ja, putze!), räume auf. „Immer nur einen Teil eines Zimmers. Nie die ganze Wohnung betrachten", sage ich mir. Sonst steigt Panik auf. Ich nehme mir zum Beispiel die Küche vor. Räume Schublade für Schublade aus. Betrachte jedes einzelne Teil und miste aus. Ordne neu, als würde ich so auch Stück für Stück mein Inneres sortieren. Die Gedanken hören in diesen Momenten auf zu kreisen, beruhigen sich. Ich beruhige mich.

Langsam, es braucht Zeit, und die gebe ich mir.

––––––––––

Wir lernen aus unseren Erlebnissen, auch wenn sie noch so schmerzhaft sind. Unser Bewusstsein wächst. Ich weiß, wieder so ein Wort, das Angst machen kann. Aber es ist ein schönes Wort.

Das „bewusste" „Sein".

Wenn wir solche Krisen meistern, wächst etwas in uns unaufhörlich weiter:

Vertrauen

Ich habe es geschafft! Ich habe das Gedankenkarussell verlassen.

Darum möchte ich euch Mut machen, zu euren Gedanken, zu euren Gefühlen, zu euren Ideen zu stehen. Egal, wie anders sie auch sein mögen, es sind eure. Vielleicht ist der nächste Gedanke einer, der noch nie von einem Menschen gedacht wurde. Vielleicht kommt euch dieser Gedanke öfter, und es entsteht eine Idee. Es entsteht etwas ganz Neues.

Na, sowas! Dabei muss ich lächeln. Wie viele wunderbare neue Gedanken doch so entstehen könnten …

„Soll ich dich Seele nennen?“

„Gefällt dir der Name?“

„Eigentlich möchte ich dir keinen Namen geben,
denn du bist ja ich.“

„Warum dann der Name?“

„Weil ich dich manchmal nicht finden kann.“

„Verstehe. Schließe deine Augen,
höre deine Melodie,
fühle und nenne mich

„Ich“.

VORSPEISE

Ich befinde mich auf der Straße, in der großen Stadt, die nie mein zu Hause geworden ist. Auf dem Weg. Aber wohin? Das Gefühl, innerlich zu platzen, treibt mich voran. Ich will keinen Psychologen aufsuchen, keinen Arzt. Da ist etwas in mir. Ein Lebenshunger, ein unbändiger Wille. Ich möchte leben. Also gehe ich los.

———

Aber zuerst zum Anfang. Geboren bin ich in einer kleinen, von Industrie geprägten Stadt. Menschen von außerhalb bezeichnen diese Stadt als nicht gerade schön, um es milde auszudrücken. Für mich ist sie Heimat. Da gibt es kein „schön" oder „hässlich".

Sie hat alles, was man als Kind oder Jugendliche so braucht. Einen Park vor der Tür, einen See um die Ecke, in dem wir im Sommer schwimmen gehen können. Cafés, eine Pizzeria, zu der wir als Teenager voller Stolz mit dem Fahrrad fahren. Sogar eine kleine Diskothek im alten Kern der Stadt. Ja, die gibt es auch. Da treffen sich alle, man kennt sich. Bis zum letzten Song des Abends (New York, New York) lauthals unsere Stimmen erklingen, bevor wir beseelt nach Hause gehen. Wirklich, was braucht man mehr?

Meine Großeltern und mein Vater sind in Rumänien geboren. Geprägt durch ein mir fremdes und doch so vertrautes Land wachse ich heran.

Verstehen kann ich es erst nach und nach, wenn Kinder in der Schule unsere Gerichte, die es bei uns zu Hause gibt, nicht kennen. Oder sie sagen, dass meine Oma das „R" rollt, was mir nie aufgefallen ist. Sie kennen nicht die Melancholie, die in den Liedern liegt, die meine Familie zu Geburtstagen oder anderen Feiern singt. Nicht den Verlust von Heimat, die wiederum keine ist.

Wie jede Familie haben auch wir unsere Geschichte.

———

Meine Oma war Schneiderin in einem Kurort in Rumänien. Er muss wunderschön gewesen sein. Dann kamen Krieg und Flucht, sie ganz allein mit drei Kindern. Diese starke Frau. Neuanfang in Deutschland. Ein Haus wurde gebaut. Steine geschleppt. Wie oft musste sie wohl über ihre Kräfte hinausgehen?

———

Wir leben dort alle zusammen in diesem Haus. Meine Oma, Onkel und Tante, meine Eltern, mein Bruder und ich. Jeden Sonntag trifft sich die ganze Familie zum Essen. Was das für ein Glück ist, wird mir erst nach dem Tod meiner Oma richtig bewusst. Sie ist der Grund, warum wir alle kommen. Sie hält die Familie zusammen.

Hühnersuppe, Braten, Erbsen und Möhren und Nachtisch. Der Onkel, der immer zu spät kommt. Mein Bruder, der das Essen meist verschläft. Meine Lieblingstante, mein Onkel und mein Cousin kommen dazu. Familie!

Ich habe eine glückliche Kindheit. Das Haus steht für meine Freunde immer offen. Meine Eltern, und vor allem meine Mutter, lieben Gesellschaft. Für viele ist meine Familie ein wichtiger Teil ihrer Kindheit und Jugend. Eine meiner ältesten Freundinnen, die heute in Denver lebt, hat es mir so berührend beschrieben: „Wenn ich an dich und deine Eltern denke, ist da nur Liebe." Wie schön, dass wir ein Teil ihrer Erinnerungen sind.

Mein Bruder ist elf Jahre älter als ich. Als Teenager kann er verständlicherweise nicht viel mit mir anfangen. Sein Zimmer ist für mich wie ein anderes Universum. Lauter Dinge, die ich als kleines Kind nicht verstehe – aber umso spannender sind sie für mich. Lötkolben, Super 8 Filme, Karatesachen (ab und zu muss ich als Kampfpartnerin mitmachen). Die erste Freundin, die er mitbringt. Ich glaube, sie hieß Andrea und hatte wunderschöne lange, braune Haare.

Es gibt die Zeit, als alle Teenager auf Zauberwürfel abfahren. Mein Bruder ist besonders gut darin. Ich sehe ihn immerzu mit diesem Würfel in der Hand. Er ist verboten für mich, aber natürlich auch besonders verlockend. Also gehe ich in sein Zimmer und probiere es aus. Ich verstelle ihn nur ein paar Mal. „Mist! Wie war das nochmal?!" Voller Schuldgefühle renne ich zu meiner Oma. Bleibe bei ihr, bis er nach Hause kommt. Sie beschützt mich, besänftigt ihn, und rettet die Situation. „Puh! Glück gehabt."

Meine Oma ist meine Oase. Wenn ich mal Streit mit meinen Eltern habe, laufe ich sofort zu ihr. Immer beschützt sie mich. Nicht, dass ich diesen Schutz wirklich nötig hätte, aber es ist einfach so schön, von ihr geliebt zu werden. Wir haben eine besondere, innige Verbindung. Vielleicht liegt es auch daran, dass mein Opa verstirbt, als meine Mutter im achten Monat schwanger ist. Ich bin der Trost meiner Oma, als ich auf die Welt komme.

Sie liebt und verwöhnt uns, und sie liebt es, uns zu lieben und uns zu verwöhnen. Aber wie! Meinen Bruder, meinen Cousin und mich bekocht sie täglich. Wenn wir das Essen nicht mögen, kocht sie eben schnell etwas Anderes. Es macht ihr nichts aus. Lustig, jetzt erst wird mir klar, dass ich es so ähnlich mit meinen Kindern mache. Auch mir macht es nichts aus, und ich liebe es, sie zu beobachten, wenn sie ihr Essen genießen.

Eine Situation werde ich nie vergessen: Wahrscheinlich war ich etwa 16 Jahre alt. Mein Cousin nahm mich und meine Freundin damals öfter mit zum Tanzen in eine Diskothek. Meine Oma machte natürlich kein Auge zu, bis ich zu Hause war. Sie öffnete uns die Tür im Morgenmantel mit den Worten: „Habt ihr Hunger?" Mein Cousin antwortete im Scherz: „Klar, Oma. Ich hätte gern Schnitzel." Ohne auch nur eine Sekunde darüber nachzudenken, drehte sie sich um und wollte in ihre Küche, um loszukochen. Mitten in der Nacht! Wir mussten so lachen. Hielten sie aber natürlich zurück. Immer wieder erzählen wir uns diese Geschichte. Ich werde bedingungslos geliebt und für diese Liebe werde ich immer dankbar sein.

———

Trotz meiner Hochsensibilität bin ich lebhaft und nicht gerade still. Liebe es, Freunde um mich zu haben und Treffen zu organisieren. Ich finde es einfach immer schön, mit ihnen zu sein. Ich habe Freunde aus vielen verschiedenen Ländern: Polen, Italien, Rumänien, Türkei, Russland, Deutschland. Sie bereichern mein Leben, lassen mich teilhaben an ihren Erfahrungen und geben mir die Möglichkeit, so viele verschiedene Sichtweisen kennenzulernen. Immer im gegenseitigen Respekt vor einander. Ich finde es spannend, ihre Geschichte und die ihrer Familie zu erfahren. Das vereint uns doch nun einmal. Wir alle tragen eine Geschichte in uns. Nur eine Geschichte.

Ich würde euch gern an dieser Stelle ein Beispiel aus meiner Sicht geben:

Vor einiger Zeit gab es die Diskussion, ob der Islam zu Deutschland gehört. Egal wie sinnreich oder sinnlos auch immer diese Fragestellung an sich ist, benutze ich sie für mein Beispiel. Stellt euch eine überdimensionierte Kamera vor. Also so richtig riesengroß. Diese Kamera macht ein Foto von Deutschland. Was seht ihr da? Ich kann es euch sagen: Eine Vielzahl von Menschen, bunt gemischt. Ihr werdet wahrscheinlich blonde Menschen sehen, Menschen mit braunen Haaren, schwarzen, oder gar keinen. Dicke Menschen, dünne, Kinder, Alte, Frauen mit Kopftüchern, Frauen mit kurzen, langen, lockigen, glatten Haaren. Menschen mit ihren Gedanken und Überzeugungen, ihrem Glauben, ihren Hoffnungen, ihren Ängsten. Ihren Unterschieden und ihren Gemeinsamkeiten. Das alles, und noch viel mehr, könnt ihr auf diesem Foto sehen. Das ist Deutschland. Alles gehört dazu. Es ist die Entwicklung eines Landes.

Eines Landes und vor allem eben der Menschen, die in ihm leben. Es hat viel erlebt, dieses Land. Kriege, Leid, Kraft, Mut, Neubeginn. Ein ständiger Wandel in der menschlichen und gesellschaftlichen Entwicklung. Aufstände, Gewerkschaften, den Willen zur Verbesserung, Frauenbewegung. Wohlstand. Dieses Land ist geprägt durch eine unaufhörliche Entwicklung. Eine Frau regiert dieses Land. Das hätte man sich vor einigen Jahren nicht vorstellen können. Was ihr auf dem Foto eben auch sehen könnt, sind Menschen in verschiedenen Entwicklungsstufen. Es gibt Menschen, die sich mit sich und ihrer Umwelt befassen. Sie forschen gern und streben nach einem noch besseren Leben. Es gibt Menschen auf diesem Foto, die leiden, und aus diesem Leid heraus treffen sie ihre Entscheidungen. Diese Menschen machen ihr Kreuz an einer Stelle des Stimmzettels, die für andere Menschen erschreckend ist. Sie verstehen einander nicht, diese Menschen.

Dieses Foto könnt ihr auch von anderen Ländern machen. Ihr werdet Ähnliches sehen. Denn es gibt Menschen, die mit ihrer ganzen Leidenschaft nach Macht streben. Sie benutzen die Wunden und Ängste dieser Menschen, um ihr eigenes Ziel zu erreichen. Ihr könnt aber auch eine neue Generation sehen. Eine Jugend, die unbeirrbar nach einer besseren Welt strebt. Die aufsteht und ihre Stimme erhebt oder auch leise Neues erschafft. Auch wenn es schwierig ist, zusammen hier auf diesem Planeten zu leben. Die Entwicklung der Menschheit und somit jedes einzelnen Individuums ist ein natürlicher Prozess. Die Evolution ist nicht aufzuhalten, sie geht ihren Weg, ob wir wollen oder nicht. Sie verlangt nicht nach Zustimmung und wird sich nicht aufhalten lassen, auch wenn wir noch so bockig auf den Boden stampfen.

Wir alle befinden uns in einem stetigen Wandel. Die einen laut, die anderen leise, bewusst oder unbewusst. Jeder für sich, oder andere mitnehmend.

Zurück zu meiner Erzählung und zu meiner Jugend, die ich mit wunderbaren Menschen verbringen durfte. Ich mache meine Erfahrungen. Mit Freunden, der ersten Liebe, Schule, Berufswahl. Überall schlittere ich scheinbar hinein.

Da ich mir nicht sicher bin, was ich werden möchte, beginne ich eine kaufmännische Ausbildung. Dort, wo auch mein Vater arbeitet. Das, was auch meine Mutter gelernt hat. Ich bin dankbar über diese Möglichkeit, denn meine schulische Laufbahn ist alles andere als glänzend. Die Art des Lernens ist für mich eine Qual, liegt meine Aufmerksamkeit doch auf ganz anderen Dingen (Das wusste ich damals natürlich noch nicht, und es hat Jahre gebraucht, bis mein Selbstwertgefühl wieder einigermaßen auf der Höhe war.)

Was ist schon Intelligenz? Was sagen schulische Leistungen aus?

Aber gut, da bin ich nun, werde etwas ruhiger und sogar eine der Besten in der Berufsschule. Ich finde neue Freunde, werde zur Vertrauensfrau und Jugendvertreterin gewählt. Organisiere Abschlussfeiern, nehme Teil an Sitzungen mit anderen Jugendvertretern und Betriebsräten, an Demonstrationen. Werde nach der Ausbildung Sachbearbeiterin in der hauseigenen Druckerei und liebe meine Tätigkeit als Ausbildungsbeauftragte. Fast zehn Jahre verbringe ich dort.

Wie oft im Leben gibt es Höhen und Tiefen. Die Arbeit mit Menschen macht mir großen Spaß und fordert mir gleichermaßen alles ab. Spüre ich doch so viel, ihr Leid, ihre unterdrückten Emotionen. Ich kann noch nicht unterscheiden zwischen ihren und meinen.

Zu dieser Zeit zeigen sich diese Dinge auch körperlich. Ich hyperventiliere, habe Kreislaufprobleme. Arzt- und Krankenhausaufenthalte folgen, nie findet man eine körperliche Ursache. Psychosomatisch heißt es dann. Okay. Und nun? Was fängt man mit einer solchen Diagnose an? Dann – fragt mich bitte nicht wie – bin ich an einen Experten geraten: einen Psychiater, der meine Hirnströme misst. Es fühlt sich an, als würde mich eine Dampflok überrollen! Bitte! Wer hat diesen Menschen befähigt? Nichts ist zu spüren von Einfühlungsvermögen oder Empathie. Nach vielleicht drei Fragen kommt er dann zu der Diagnose: „Sie haben einen Vaterkomplex!" – Nee, klar! Ein verstörendes Erlebnis. Das soll jetzt nicht heißen, dass alle Psychiater oder Psychologen so wären. Natürlich nicht. Der Mensch, der hinter dem Titel steht, ist entscheidend, nicht der Titel selbst. Leider habe ich einige unangenehme und dennoch für mich so wichtige Erfahrungen machen müssen. Wenn der Geist leidet, leidet der Körper irgendwann mit.

———

Dann kommen einschneidende Erlebnisse für mich. Mein Freund macht mir an unserem zehnten Jahrestag einen Heiratsantrag.

Wir sind fast noch Kinder, als aus unserer Freundschaft etwas anderes wird. Er ist nach dem Abitur in eine größere Stadt gegangen, um zu studieren. Wir sind die besten Freunde. Teilen die gleiche Clique, die gleiche Sensibilität. Ständig sind wir zusammen. Was haben wir doch damals viel Zeit. Nun geht er in eine andere Stadt. Ich besuche ihn dort gemeinsam mit einem Freund. Er lebt in einer WG, hat ein kleines, sieben Quadratmeter großes Zimmer, aber für mich ist es riesig. Gehört es doch ihm allein. Er erscheint mir plötzlich fremd, reifer, anders!

Wir gehen auf eine Party. Es ist aufregend für mich. Sein Geruch, die Nähe, eine Umarmung, ein Kuss auf die Wange. Musik die ganze Nacht. Luther Vandross. Schmetterlinge.

Nun ja, ab diesem Wochenende sind wir quasi ein Paar. Aber, wie konnte ich es anderen erzählen? Er und ich ein Paar? Wir, die besten Freunde, sind nun zusammen?

Es dauert genau drei Monate. Viele Tränen und Gespräche folgen, bis wir an einem Nachmittag beschließen es zu beenden. Voller Schmerz haben wir uns verabschiedet. Am Abend sind wir getrennt voneinander und jeder mit anderen Freunden in eine beliebte Diskothek gefahren. Ich aufgewühlt mit meiner Gruppe und er mit seiner. Irgendwann spüre ich dann plötzlich einen Drang in mir. Ich muss zu ihm. Ihn suchen. Ich stehe auf und gehe los, getrieben von dieser unglaublichen Sehnsucht, werfe ich alle Zweifel über Bord. Ich gehe die Brüstung entlang, weiß nicht genau wohin, und dennoch tragen mich meine Beine vorwärts. Da sehe ich ihn. Auch er hat mich genau in diesem Moment gesucht. Wir kommen aufeinander zu. Ich sehe ihn und er sieht mich. Er hat noch das T-Shirt an von unserem gemeinsamen Nachmittag. Ich erkenne es, da ich Wimperntusche mit meinen Tränen darauf hinterlassen habe. Wir umarmen uns, halten uns und retten einander.

Wir bleiben zusammen für viele Jahre. Trennen uns, um dann wieder zu einander zu finden. Wir werden gemeinsam erwachsen und dennoch jeder für sich.

Und dann ja – wie gesagt – sage ich: „Ja!", aus vollem Herzen.

Wir feiern Hochzeit! Es ist ein wundervolles Fest.

Ich empfinde Glück, ganz viel Glück.

Gefolgt von Abschied. Da mein Mann eine Arbeit in einer anderen Stadt annimmt und wir nach einem Jahr Pendeln die Nase voll davon haben, kündige ich meinen sicheren Job und ziehe in die fremde, große Stadt. Voller Freude über unser Zusammensein und voller Schmerz über den Abschied. Meine Wurzeln sind gekappt.

———

Unsere neue Wohnung liegt im Studentenviertel, und ich liebe es, auf dem Balkon zu sitzen und dem bunten Treiben zuzusehen. Berühmtheiten, die mir ständig begegnen, eine von ihnen sogar in unserem Haus (oder wir in ihrem, das trifft es wohl besser). Ein fremder Dialekt, wunderbarer Humor und ein anderes Lebensgefühl. Es ist alles sehr aufregend und beängstigend zugleich. Ich fühle mich entwurzelt, habe Heimweh und eine Angst, die ich bis dahin nicht kannte, breitet sich in mir aus.

Nach einigen, um es milde auszudrücken, für mich schrecklichen Jobs, finde ich in einer kleinen Internetfirma eine berufliche Zuflucht.

Vielleicht doch noch eine Erinnerung an einen dieser Jobs. Ich nehme eine Stelle bei der Agentur für Arbeit zur Einführung des Arbeitslosengeld 2 an. Heißt, dass ich Menschen beim Ausfüllen ihres Antrages behilflich sein soll. Dass ich da verständlicherweise auf Hilflosigkeit, Enttäuschung, Angst und Wut stoße, muss ich wahrscheinlich nicht erwähnen. Am liebsten würde ich die Menschen trösten. Es muss fürchterlich sein, sich so entblößen zu müssen. Für mich ist diese Zeit grausam. Sauge ich doch alles auf und trage es mit mir. Zum Glück habe ich noch zwei Leidensgenossen an meiner Seite. Wir freunden uns an und treffen uns ab und zu, auf ein oder zwei Gläser Kölsch.

An ein besonderes Erlebnis kann ich mich noch genau erinnern. Herein kommt ein junger, wie mir scheint, sehr aufgeweckter Mann. Nach der Routinebefragung sagt er zu mir: „Darf ich Sie etwas fragen?" Ich bejahe, und er sagt: „Was machen Sie hier? Sie gehören nicht hierher. Es tut Ihnen nicht gut und ich glaube, dass Sie in Ihrem Leben etwas ganz Anderes machen werden." Ich bin sprachlos und dennoch sehr berührt. Er geht und hinterlässt einen Funken in mir. Es könnte noch mehr geben, zwischen Himmel und Erde …

Wie gesagt, nimmt es dann eine andere Wendung. In diesem kleinen Büro mit einem jungen Team fühle ich mich schnell wohl. Mein Chef ist humorvoll und wertschätzend, wie man es sich von einem Vorgesetzten nur wünschen kann (könnte man nicht eine Art

Persönlichkeits-Eignungs-Test für alle Führungspersonen, Erzieher, Lehrer, Politiker einführen, bevor sie auf die Menschheit losgelassen werden? Zu schön, diese Vorstellung).

———

Nach einiger Zeit kommt, was bei den meisten Paaren irgendwann kommt: Der Wunsch nach einem Baby. Wir beschließen es an einem sonnigen Tag im Park und sind überglücklich und voller Vorfreude. Es folgt eine lange Zeit des Wartens, gefolgt von einem erneuten Umzug.

Und vielleicht geht es dann ja so weiter ...

„Wie geht es dir?" fragte die Zuversicht.

„Eigentlich ganz gut", antwortete der Zweifel.

„Warum dann das Eigentlich?" fragte die Zuversicht.

„Ich weiß doch nicht was der Morgen bringt",

antwortete der Zweifel.

„Hast du das Gestern gut gemeistert?"

fragte die Zuversicht.

„Ja", antwortete der Zweifel und verschwand.

HAUPTSPEISE

ch lief die Straße entlang. Es war eine neue Stadt. Der alten Heimat näher und doch noch fremd. Ein paar Jahre waren vergangen, seit diesem Moment, als ich beschloss, zu leben. Auch diese Wege wurden vertrauter, wenn man sie nur lang genug belief. Ich ließ mich treiben, nahm einen kleinen Weg. Wie so oft, in Gedanken versunken, machte ich nur einen Schritt nach dem anderen. Da war ein Geruch, der mich aus meinen Gedanken riss, süß. Ich schaute nach oben. Waren es die Bäume, die die Straße säumten? Er war verlockend und schien meine Sinne zu schärfen. Etwas zog mich an. Also ging ich weiter, diesen eigentlich mir so vertrauten Weg. Vorbei an Häusern. Es war still. Ein leichter Wind wehte durch mein Gesicht. Eine Spannung breitete sich in mir aus. Als ich vor dem Eingang stand, wusste ich, dass ich genau hier hinwollte. Was war das? Ein Geschäft? Ein Café? Es sah einladend aus in seinem alten Gewand. Nur ein einzelnes Wort stand über der Eingangstür:

leben

Klein geschrieben, als wäre es eine Aufforderung an jeden, der durch diese Tür gehen würde. Die Glastür stand offen. Ich konnte nicht viel von dem Raum sehen, da die Sonne die Glasfront spiegeln ließ. Ich atmete ein, und da war wieder dieser Geruch. Süß und verheißungsvoll lud er mich ein. Ich ging hinein, und mich umhüllte eine Kühle, die mich erst jetzt erkennen ließ, wie heiß es eigentlich war.

Meine Augen mussten sich erst einen Moment an das neue Licht gewöhnen. Ich blinzelte, und dann sah ich sie. Versunken tippte sie in ihren Laptop und wirkte erfüllt. Sie strahlte eine Ruhe und Lebendigkeit zugleich aus, die mich bewegungslos machte. Es schien eine Ewigkeit zu dauern, und ich merkte erst, als sie mich ansah, dass ich nicht mehr atmete. Sie schaute mich mit großen, liebevollen Augen an, und in ihrem Blick lag so etwas wie Verständnis. Ich hätte nicht sagen können, wie alt sie war. In ihrem Gesicht lag noch ein Hauch von Jugend, und die Zeichnungen des Lebens machten sie nur noch schöner. Ja, so empfand ich sie. Schön!

Mit einer samtigen Stimme sagte sie: „Gut, dass du jetzt da bist. Mein Name ist Victoria. Such dir schon mal einen Platz. Ich bin gleich bei dir." Mit diesen Worten ging sie aus dem Raum, die beiden Stufen hinauf. Gehen ist vielleicht nicht das richtige Wort. Ihre Bewegungen waren fließend, selbstverständlich, fast wie ein Tanz.

Da stand ich nun und sah mich um. Es gab verschiedene Plätze in diesem Raum. Ein paar Kissen auf dem breiten Fensterrahmen, zwei gemütlich wirkende Sessel in der einen Ecke. Auf der anderen Seite, vor einem großen Bücherregal lagen, wie zufällig hingeworfen, unzählige Kissen auf dem Boden. In ihrer Mitte stand ein silbernes Tablett. An der schmalen Wand, die den vorderen Raum von dem hinteren Bereich trennte, hing ein großer, silberner Spiegel. Ornamente zierten ihn. Ich sah hinein. Blickte mich an und auch wieder nicht. So fremd erschien ich mir.

Ich entschied mich für einen Sessel und wartete. Leise Geräusche drangen aus dem hinteren Raum. Wasser, Geschirr und dann sich nähernde Schritte. „Ich habe uns einen Eistee gemacht. Das ist genau das Richtige bei der Hitze", sagte sie fröhlich und stellte eine Karaffe und zwei Gläser auf den kleinen Tisch zwischen uns. Sie schenkte ein, nahm ein Glas und trank genüsslich. Ich tat es ihr gleich und merkte erst jetzt, wie unglaublich durstig ich war. Es schmeckte köstlich, leicht bitter, nach Kräutern. Sie behielt ihr Glas in der Hand und schaute mich an, als sie sagte: „Du hattest eine lange Reise bis hierher. Es ist jetzt gut. Du bist angekommen."

Kaum ausgesprochen, brachen in mir alle Dämme. Ich weinte hemmungslos und merkte kaum, wie sie mich langsam zu dem Platz auf dem Boden führte, mich hinlegte, in ihrem Arm wiegte.

Sie ließ meine Tränen laufen. Wie lang ich so weinte, kann ich nicht sagen. Ich weiß nur, dass ich nach Stunden aufwachte. Ich war allein. Wusste, dass sie nicht da war und spürte ihre Anwesenheit nicht mehr.

―――――――

Was war da mit mir geschehen? Ich fühlte mich etwas verwirrt, und dennoch ging es mir besser als vor der Begegnung mit ihr. Was war das hier für ein Ort? Wer war sie? Und vor allem: Warum reagierte ich so auf unsere Begegnung? Wie konnte es sein, dass ich einfach hemmungslos vor einer fremden Frau weinte? Und das auch noch ohne erkennbaren Grund. Na gut, in der letzten Zeit war es mir nicht besonders gut gegangen. Ich war oft krank gewesen, und zu Hause fühlte ich mich hier auch noch nicht. Ich hatte hier noch keine richtigen Freunde gefunden. Und beruflich? Das war auch ein Thema für sich. Ich wusste nur, was ich nicht mehr wollte. Zurück ins Büro konnte ich einfach nicht mehr. Aber was sollte ich sonst machen? Ich wusste es nicht. Einerseits war ich erleichtert, dass Victoria nicht da war, und andererseits fühlte ich mich eigenartig allein. Ich räkelte mich einen Moment, leckte mit meiner Zunge über meine Oberlippe, sie war salzig. Ich streckte meine steif gewordenen Glieder, stand auf und ging.

Zu Hause angekommen, nahm erst einmal alles seinen gewohnten Lauf. Das Erlebte umhüllte mich, ploppte in meinen Gedanken auf, und ich versuchte es zu sortieren. Wenn ich draußen war, nahm ich andere Wege, andere Straßen. Umkreiste diesen einen Ort. Ungefähr eine Woche dauerte dieser Zustand an. In dieser Zeit wusste ich eins ganz genau, nämlich, dass ich wieder dorthin wollte, zu ihr. Irgendetwas zog mich magisch an. Als ich des Umkreisens müde geworden war und meinem inneren Drang nachgab, ging ich wieder zu ihr.

––––––

„Hallo Victoria", sagte ich etwas schüchtern zu ihr, als ich den Raum betrat. Sie stand mit dem Rücken zu mir vor dem Regal an der Wand. „Hallo, meine Liebe", antwortete sie fröhlich, hielt allerdings nicht inne in ihrer Bewegung. Sie machte gerade ein Regal sauber. Vor dem Regal standen unendlich viele Bücher aufgehäuft. Anscheinend hatte sie sie vorher ausgeräumt. Sie machte also sauber. Diese banale Tätigkeit erschien mir merkwürdig. Aber was hatte ich erwartet? Dass eine Frau wie sie nicht putzte? Sie hatte ein Kleid an, es sah aus wie ein übergroßes Männerhemd und reichte ihr bis zu den Knien. Es war hellbraun und passte wunderbar zu ihrer goldenen Haut. Ihre langen, braunen Haare, die ein paar silberne Strähnen durchzogen, hatte sie zu einem Dutt nach oben gebunden. Ein paar Strähnen fielen seitlich heraus. Sie war barfuß und wirkte mit ihrer ganzen Erscheinung befremdlich, anziehend, natürlich und nicht hierhergehörend auf mich. Sie passte nicht in diese Situation. An diesen Ort, in diese Stadt.

Ich wartete. Für mich erschienen die Sekunden wie Stunden. Als sie sich endlich zu mir umdrehte, lächelte sie mich einladend an. Mein Körper entspannte sich sofort. Ich lächelte auch. Unendlich glücklich über dieses Wiedersehen. Obwohl ich mir auch das nicht erklären konnte. Ich ging zu ihr, und wir umarmten uns zur Begrüßung.

„Schön, dass Du wieder da bist", sagte Victoria. „Komm, hilf mir ein wenig beim Einräumen der Bücher." Ich ging zu ihrem Regal und half ihr, die vielen Bücher wieder hineinzustellen. Es war verwirrend für mich, und ich fühlte mich etwas unbehaglich. Ich wollte doch so viel wissen. Also stellte ich die erste Frage, die mir in den Sinn kam: „Wer bist du?" fragte ich, wie aus der Pistole geschossen und kam mir dabei albern vor. Ich spürte, wie Hitze in meinen Wangen aufstieg, und ich errötete. „Wer ich bin?" fragte Victoria und lachte.

„Wen suchst du?" fragte sie mich, anstatt einer Antwort. „Ich suche niemanden", sagte ich etwas zu schnell, da ich das Gefühl hatte, mich verteidigen zu müssen. „Warum bist du dann hier, wenn du nichts suchst?" fragte mich Victoria weiter. „Ich weiß es nicht", antwortete ich etwas verwirrt. Dieses Gespräch war anders, als ich es mir vorgestellt hatte. Ich hatte geglaubt, sie würde mir erklären, wer sie ist, was ich hier zu erwarten hatte und was sie mir anzubieten hatte. Ich vermutete, aus der Einrichtung zu schließen, dass sie eine Art „Lehrerin" war und Menschen beriet. Da müsste doch irgendwo ein Flyer liegen, oder Ähnliches. Andererseits sah es wie ein Zuhause aus und nicht nach einer Praxis. „Ich verstehe nicht, wer du bist und was du machst", versuchte ich es wieder.

„Gut. Ich werde dich erlösen. Ich bin das, was du brauchst. Ich bin das, wonach du gesucht hast. Also, stell dir die Frage, was du brauchst und wonach du suchst. Dann werde ich es sein." Diese Antwort machte mich sehr still. Ich musste das Gesagte erst einmal für mich sacken lassen. Es überforderte mich. Also räumte ich die letzten Bücher ein. Verabschiedete mich und ging nach Hause.

Ich verbrachte die nächste Zeit damit, zu überlegen welche Fragen ich hatte. Das war gar nicht so einfach. Ich konnte es zwar spüren, aber nicht in Worte fassen. Eigentlich war ich doch ganz zufrieden. Aber eigentlich, ja, eigentlich. Ich beschloss alles auf mich zukommen zu lassen und entschied, dass es ausreicht zu wissen, dass ich nicht alles weiß. Dass darin schon einer der Schlüssel lag, erkannte ich erst viel später.

Ich kam fast täglich zu ihr. Manchmal redeten wir, manchmal schwiegen wir. Manchmal sah ich ihr bei ihrer Arbeit zu oder half ihr bei der Pflege ihres kleinen Gartens, der an den hinteren Raum angrenzte. Ich war einfach da, mit ihr. Und das mit einer Selbstverständlichkeit, die ich bis dahin nicht gekannt hatte.

Was ich ihr auch erzählte von mir, meinem Leben, nichts schien sie zu überraschen. Ja, es machte nichts mit ihr, als wäre sie fertig mit allen Wörtern. Als hätte sie alles schon gesehen und als würde das, was sie noch erleben würde, schon jetzt da sein. Es ist schwierig zu beschreiben. Wie kann man für Unerklärliches Worte finden? Sie half mir, Klarheit zu bekommen. Half mir mit ihrem Wissen und ihrem Gespür. Ich begann mich allmählich in meinem Körper, in mir, zu Hause zu fühlen. Begann zu verstehen, dass das Suchen ein Ende haben könnte. Ich wurde stiller. Genoss diese Stille und all die unbeantworteten Fragen in mir.

––––––––

An einen Nachmittag erinnere ich mich besonders. Manches vergisst man einfach nicht, weil es so bedeutend war.

Sie pflanzte gerade ein paar neue Kräuter auf ihrer Terrasse ein, und ich leistete ihr dabei Gesellschaft.

„Glaubst du an die Intuition?" fragte mich Victoria, ohne aufzublicken. „Ja, natürlich!" antwortete ich, ohne zu zögern. Eine Weile grub sie weiter Löcher in die Erde. Ich wartete gespannt auf eine weitere Erklärung. Sie ließ sich Zeit. Ich wurde schon ungeduldig.

Verlagerte unmerklich mein Gewicht von einer Seite zur anderen. Sah, wie der Wind ihre Strähne, die sich wieder aus ihrem Dutt gelöst hatte, aufwirbelte. Sah, wie sie diese Strähne wegpustete, die an ihren Lippen kitzelte.

Ich sah nach oben. Ein Schwarm Vögel flog aufgescheucht aus einem Baum. Ich beobachtete sie, wie sie in den Himmel flogen. Einem Ziel entgegen, das sie in sich zu tragen schienen. Wie so oft fragte ich mich, was sie lenkte. Was war es, das sie verband? Ich musste eine ganze Weile so tief versunken in meine Gedanken dagestanden haben, dass ich nicht bemerkte, wie Victoria aufgestanden war. Sie stand einen Meter von mir entfernt und lächelte. Ihr wissendes Lächeln.

„Merkst du, wie du dich beruhigt hast, seitdem du den Schwarm Vögel verfolgt hast?" fragte sie. Ich blieb still, wartete ab. Ich wusste, dass sie mir noch mehr zu sagen hatte. „Deine Hände sind noch etwas feucht von der Ungeduld der vergangenen Momente. Da ist noch ein leichter Druck in deiner Brust, und dein oberer Rücken ist verspannt. Genau jetzt beginnst du dich zu fragen, woher ich das weiß."

Sie beendete ihre Erklärung so abrupt für mich, dass ich verdattert vor ihr stand. Woher konnte sie das wissen? Meine Hände waren tatsächlich feucht, und in meiner Brust fühlte es sich unangenehm an. Aber wie ging das? Meine Augen blickten wild umher, darum suchte ich Halt in ihrem Blick. Ich beruhigte mich sofort. Da war ein Wissen in ihren Augen, etwas in mir schien sich zu erinnern. Mein Atem wurde ruhiger, meine Muskeln, mein ganzer Körper entspannte sich. Tränen liefen mir über das Gesicht. Es tat gut. Sie lösten etwas in mir, und es fühlte sich befreiend an. Victoria sah mich weiterhin an. Hielt mich mit ihrem Blick.

„Das ist, was wir Menschen sind. Wir sind Körper und Geist. Wir haben nur verlernt, uns zu spüren. Haben verlernt, unsere Gaben und Fähigkeiten als selbstverständlich anzunehmen und zu leben. Wir haben uns Grenzen auferlegt, in dem was möglich ist, und verleugnen so unsere Natur. Ist es seltsam für dich, dass ein Schwarm Vögel miteinander verbunden ist? Ist es seltsam, dass sich Wale über Tausende von Kilometern verständigen können?" „Nein", sagte ich leise wie zu mir selbst. „Warum sind dann unsere von der Natur gegebenen Wahrnehmungen so beängstigend für uns?" fragte sie, und dieses Mal hatte ich das Bedürfnis zu antworten. Es sprudelte aus mir heraus: „Ja, es stimmt. Ich weiß, was du meinst. Wenn das Telefon bei uns klingelt, weiß ich immer genau wer dran ist, bevor ich die Nummer sehe. Wenn es meinen Freundinnen schlecht geht, spüre ich es auch, und meistens rufe ich sie intuitiv an."

Mir fielen noch weitere Beispiele ein, aber es war nicht nötig, sie alle aufzuzählen. Victoria wusste, dass ich verstand.

„Was wir Intuition nennen, ist für mich die Verbindung von allem. Wir spüren sie in unserem Körper. Da ist ein leichtes Kribbeln. Es deutet vielleicht auf eine Vorahnung. Da ist ein mulmiges Gefühl in der Magengegend. Es mahnt uns an, achtsam zu sein. Hier fühle ich mich nicht wohl. Dies alles sind nur Beispiele, für das was wir wahrnehmen können. Wir haben unzählige Anzeichen in unserem Körper. Er hilft uns, den richtigen Weg einzuschlagen, die richtige Entscheidung für uns zu treffen. Er ist unser Zuhause und unser

Kompass. Wir können es wieder lernen, es trainieren, auf ihn zu hören. Eigentlich ist es ganz leicht und bringt auch noch großen Spaß. Denn je wohler du dich fühlst mit dir, deinem Körper, desto größer ist auch der Genuss", endete Victoria und blickte mit einem entspannten Lächeln in die Ferne. Ich hörte ihr wohliges Ausatmen und auch ich atmete genüsslich aus.

Wir blieben so lange sitzen, bis die letzten Sonnenstrahlen auf unsere Gesichter fielen.

––––––––––

Ich lernte also achtsam zu sein, lernte meinen Körper mehr und mehr zu spüren.

Das geschah so ganz nebenbei. Zum Beispiel konzentrierte ich mich beim Zähneputzen auf meine Beine, oder ich versuchte beim Spazierengehen den Boden unter meinen Füßen zu spüren. Besonders achtete ich darauf im Gespräch mit Menschen. Ich kann es nicht genau erklären, aber es entspannte mich. Es fühlte sich an, als würde ich nicht mehr so emotional auf mein Umfeld reagieren. Vielleicht verteilte sich alles besser in meinem Körper und konzentrierte sich nicht nur auf die Brust oder meinen Kopf. Ich weiß wirklich nicht warum, aber es tat mir gut, also machte ich diese Übungen. Ich beobachtete mich. Probierte mich aus und versuchte immer mehr meinem Gefühl zu folgen. Bei manchen Entscheidungen fiel es mir leichter, bei manchen ziemlich schwer. Ich überlegte beispielsweise, ob ich eine Verabredung annehmen möchte oder ob es für mich besser wäre, sie abzusagen. Ich beobachtete mich in diesen Situationen.

Wie und warum entschied ich mich für das ein oder andere? Also probierte ich mich auch da aus. Prüfte genauer und schaute, wie sich mein Körper anfühlte. Erstaunlicherweise war ich in dieser Zeit auch gerne mit mir allein. Normalerweise liebte ich die Gesellschaft von Menschen. Organisierte kleine Konzerte, was mir viel Spaß machte, da ich die Musik liebte und die Freude in den Menschen, die sie in ihnen auslöste. Aber je mehr ich auf mich achtete, umso mehr entdeckte ich noch eine andere Seite. Vielleicht kam sie all die Jahre zu kurz? Wer weiß. Ich stellte es mal nicht in Frage. Auch etwas Neues, das ich so noch nicht kannte.

Meiner Intuition zu folgen, das war nicht immer leicht. Wie die Wellen im Meer ging es auf und ab und auf und ab und auf und ab. Es bäumte sich auf, um dann wieder in friedlichen Strömungen dahinzutreiben.

Manchmal haderte ich mit mir und der Welt. Traute mich nicht, meine nächsten Schritte zu machen. Ja, traute mich noch nicht mal sie zu denken.

Ich spürte einen Drang in mir, meine Berufung zu finden. Ein Teil davon war für mich, andere Menschen auf ihrem Weg zu unterstützen. Ich wusste, dass es mein Weg sein würde. Aber wie, das wusste ich nicht. Es war eine Sache, Zufriedenheit in meinem Leben zuzulassen. Glücklich zu leben, mit sich mehr und mehr ins Reine zu kommen. Aber wie sollte mein Weg aussehen? Wie sollte ich andere Menschen in ihrem Leben unterstützen? Und vor allem beschäftigte mich die Frage: „Was" bin ich? All die Namen, Bezeichnungen, die wir benutzen, machten mich nur nervöser. Heilerin, Energie, Spiritualität. Alles mächtige, große Worte, die wir behaften, um sie dann feinsäuberlich in Schubläden abzulegen. Am liebsten hätte ich es herausgeschrien: „Ich bin doch einfach nur ich."

Diese Gedanken brachten mich an einem Nachmittag zu Victoria. Sie lächelte milde, schenkte mir einen heißen Tee ein und sagte: „Es gehört Mut dazu, seinen bekannten Weg zu verlassen, den nächsten Schritt ins Unbekannte zu wagen, Neues zu erschaffen. Ich verstehe deine Angst und doch sehe ich sie als Möglichkeit. Du kannst alles so weitermachen wie bisher oder dich in die nächste Erfahrung stürzen, und ich bin mir sicher, dass dort etwas ist, was dich auffangen wird, nämlich du selbst. Nur du selbst kannst deine eigene Sicherheitsleine sein. Da fällt mir eine Geschichte ein, die ich vor ein paar Jahren mal geschrieben habe", sagte sie, stand auf und ging hinter ihren kleinen Schreibtisch. Sie öffnete eine Schublade und holte ein Buch heraus. Es war hellbraun, nicht sehr dick, aber auch nicht dünn. Sie lächelte, als sie es in ihren Händen wiegte. Fast wie eine Mutter, die ihr Baby hielt.

Als sie sich wieder hinsetzte, sagte sie: „Dies hier ist etwas ganz Besonderes für mich. Es ist mein erstes Buch. Ich war etwas älter als du, da lernte ich Thomas kennen. Wie so oft fuhr ich mit dem Fahrrad durch unseren Stadtwald. Ich machte eine Pause auf meiner Lieblingsbank und blätterte in meiner Kladde. Zu dieser Zeit hatte ich die Idee, ein Buch zu schreiben und war nicht mehr zu bremsen. So viele Wörter, die aus mir herauskamen. Wörter, die nicht mehr nur mir gehören wollten. Ich schrieb jeden Tag und wenn ich nicht schrieb, formten sich neue Wörter, neue Sätze in mir. Du erinnerst mich etwas an mich selbst. Auch ich konnte mir nicht vorstellen, dass ich ein Buch herausgeben könnte, das andere Menschen lesen wollen. Ich spürte nur diesen Drang. Nun ja, dann kam Thomas. Er ging mit seinem Hund spazieren und setzte sich zu mir auf die Bank. Wir begannen eine lange Unterhaltung."

Victoria lächelte in Gedanken versunken. Schüttelte dabei den Kopf, als würde sie noch immer staunen über die Begegnungen ihres Lebens.

Lachend sagte sie: „Thomas war so begeistert von meinen Ideen, dass er mich bat, ein Manuskript an ihn zu schicken. Das tat ich einen Tag später dann auch. Das Ergebnis siehst du hier."

Ich lächelte und freute mich für sie. „Es stellte sich heraus, dass Thomas seinen Traum verwirklicht und vor einiger Zeit seinen eigenen Verlag gegründet hatte. Vorher arbeitete er bei einer großen Versicherungsgesellschaft. Er war ein erfolgreicher Manager und arbeitete von früh bis spät. Bücher gehörten schon immer zu seiner großen Leidenschaft. Es bedurfte eines leichten Schlaganfalls, bis er beschloss, sein Leben zu ändern. Also machte er sein Hobby zum Beruf und verlegte Bücher, die ihm gefielen. Ohne Druck auf die Autoren auszuüben, wuchs sein Verlag. Thomas nahm sich Zeit für sich und die Dinge, die ihm wichtig waren.

Sie hielt ihr Buch hoch und atmete zufrieden aus. Eine Weile saßen wir schweigend und jede in ihren eigenen Gedanken versunken da. Bis sie sagte: „Aber nun zu der Geschichte. Vielleicht nimmt sie dir ein wenig das Drama und du kannst die Dinge aus einer anderen Perspektive sehen."

DAS GEHEIMNIS DER ZEIT

„Was sind wir?" fragte die Junge die Alte. „Was wir sind?" Sie tätschelte den Kopf des Mädchens und sagte: „Wir sind ihre Zukunft, ihre Gegenwart und ihre Vergangenheit. Wir sind was sein wird, was ist und was jemals war."

Das Mädchen drehte sich auf seinen Bauch und sah die Alte an. „Aber, wenn schon alles ist, warum verstehen die Menschen es nicht?"

Die Alte setzte sich neben das Mädchen auf die Wiese, blickte in den Sternenhimmel, hob ihren Arm und zeigte mit ihrem knöchernen Finger in die Luft. In diesem Moment bündelte sich die Energie, konzentrierte sich in einer feinen silbrigen Linie. Kleine Funken wurden sichtbar, und man hörte ein leises Knistern.

Für eine Millisekunde sah es aus wie ein schwarzes Loch und dann wurde es sichtbar. Die gleiche Welt, das gleiche Land, die gleiche Wiese, nur eben doch ganz anders.

„Sieh hin, was siehst du? Sieh mit allem was du bist", flüsterte die Alte dem Mädchen zu.

Das Mädchen blickte hinein, spürte, ließ alle Informationen ankommen und sagte: „Da sind die Menschen fast wie wir, sie leben, sammeln Beeren und Wurzeln. Sind weder glücklich noch unglücklich. Sie sind einfach. Nur sie wissen es noch nicht. Ihre Gedanken sind noch anders, oder?"

Die Alte lächelte, als sie sagte: „Richtig, mein Mädchen. Sie haben ihren Verstand noch nicht entwickelt. Wir nennen es Bewusstsein. Erst, wenn alles im Einklang ist, sind wir vollkommen."

Das Mädchen schien eine Idee zu haben. „Ah, ich glaube, ich verstehe!" Sie lächelte, als sie ihren Finger hob und das Bild nach links verschob. Vorbei an den ersten sesshaften Menschen. Vorbei an immer größer werdenden Orten, vorbei an dem Strom der Menschheit. Es sah aus, wie ein sich vergrößernder Ameisenhaufen. Sie wanderten, verbreiteten sich. Es knallte, wurde heller und heller.

Bis zu diesem einen Bild, bis zu dieser Zeit. Hier stoppte sie und legte ihre Stirn in Falten. „Jetzt haben sie ihr Bewusstsein entwickelt, oder?"

Die Alte wiegte den Kopf hin und her, als sie sagte: „Nun ja, so einfach ist es nicht. Sie verstehen es besser. Haben ihren Verstand entwickelt. Da hast du Recht. Aber was fällt dir hier auf?"

Das Mädchen richtete sich auf und begann: „Sie haben Angst. Immer wieder schaue ich diese Menschen an und versuche sie zu verstehen."

Das Mädchen wirkte jetzt traurig. „Aber nicht doch!", sagte die Alte lächelnd. „Wie eine Raupe sich zum Schmetterling entwickelt, entwickelt sich auch der Mensch. Hier ist er nur auf einer weiteren, für ihn wichtigen Etappe."

Sie ließ den Gedanken beim Mädchen ankommen und so saßen sie eine Weile, bis die Alte fragte: „Hast du Mitleid mit einer Raupe, Mädchen?" „Aber NEIN!" sagte das Mädchen energisch. „Sie wird doch fliegen können und wunderschön sein."

„Richtig! Warum ist es dann anders bei den Menschen für dich? Du weißt, was aus ihnen wird?" fragte die Alte und schaute in ruhiger, wissender Vorahnung auf das Mädchen.

„Natürlich weiß ich das!" sagte das Mädchen mit einem Erkennen in der Stimme, die nur Stille und Einsicht mit sich bringen konnte.

Sie schaute auf die schmerzerfüllten Gesichter der Menschen. Wie sie rannten, gehetzt. Rolltreppe rauf, Rolltreppe runter. Sich anrempelnd und doch noch mit letzter Kraft eine Höflichkeit bewahrend. Schon so oft hatte das Mädchen diese Bilder gesehen.

Ein kleines Detail schien jetzt ihre Aufmerksamkeit auf sich zu ziehen. Sie hielt die Zeit an und holte ein Bild näher heran. Ein Mann stand mit einer Tasche in der Hand. Er trug einen grauen Anzug, hatte kurze, schwarze Haare, die schon etwas grau an den Schläfen wurden. Rechts stand ein Mensch hinter dem anderen auf der langen Rolltreppe hinauf. Der Mann wollte gerade links überholen, als er auf sein Handgelenk schaute. Fast geschockt sah er aus. Das Mädchen fühlte seine Zerrissenheit. Seine blanke Panik, als sie die Alte fragte: „Worauf schaut der Mann da?" Die Alte sah hin und schmunzelte. „Das, mein Mädchen, ist eine Armbanduhr. Sie zeigt den Menschen die Zeit an, und wenn der Mann nicht schneller rennt, verpasst er seine nächste Bahn, um aus der Stadt nach Hause zu fahren. Zu seiner Familie, die dort schon auf ihn wartet. Um seine Zeit mit ihnen zu verbringen und mit den Dingen, die ihn wirklich erfüllen."

Das Mädchen schien wieder nachdenklich und versunken. So saßen sie eine ganze Weile, dort auf der Wiese, wo Zeit keine Rolle mehr spielt.

Als das Mädchen seinen letzten Gedanken zu Ende sortiert hatte, stand sie auf, schaute auf die Alte hinab und sagte: „Ich glaube, ich verstehe jetzt. Sie müssen wieder zum Anfang finden, mit allem was sie wissen. Das ist nicht leicht, aber sie werden es schaffen, wieder zu vertrauen. Ich weiß es ja."

Das Mädchen lächelte wissend und schaute die Alte an.

Sie atmeten aus ... In die Zeit, die ist, in die Zeit, die war und in die Zeit, die noch kommen wird.

Nach diesem Tag versuchte ich mich immer auf den Moment zu konzentrieren. Auch wenn ich den Weg, der vor mir lag, noch nicht kannte, trat etwas wie Zuversicht in mein Leben.

Ich versuchte zu verstehen, dass nicht die Worte es sind, sondern nur, dass, was wir aus ihnen machen.

Je mehr ich das begriff, umso gelassener wurde ich. Umso ruhiger wurden meine Gespräche mit Menschen. Und das war gut so. Denn ich traf viele und wie es meiner Natur entsprach, half ich mit meinen Worten.

Genau weiß ich nicht, wie es begann, es war wohl ein schleichender Prozess, aber es wurde mehr. Wie ein kleiner Schneeball, der einmal ins Rollen gebracht, nicht mehr aufzuhalten war. Es kamen mehr und mehr Menschen mit ihren Fragen zu mir. Es war noch ziemlich aufregend für mich. Aber es fühlte sich auch richtig an. Vielleicht war es die Art und Weise, wie ich Menschen begegnete. Wenn sie mich fragten: „Was machst du so?" Und ich antwortete etwas zögerlich. „Das kann man nicht so leicht beschreiben, was ich mache. Ich unterstütze Menschen", war meine Antwort. Das reichte dann schon aus, denn man kam ins Gespräch. Es eröffnete noch mehr Fragen bei dem Gegenüber und ich beantwortete sie. Es war wie eine kleine Hürde, die erstmal genommen werden musste. Wenn sie einmal überwunden war, dann war alles ganz leicht. Es war meine Hürde, das war mir immer klar.

Die Menschen verstanden, wer ich bin, und ich wurde immer sicherer. Aber alles noch sehr zaghaft. Ich wollte noch Zeit haben, um mich selbst zu finden. Brauchte noch diese Zeit, das merkte ich. Als hätte ich eine Waage mit mehreren Waagschalen in mir, die sich noch ausbalancieren mussten. Zuviel von der einen Seite tut der anderen Seite nicht gut. Eine Seite ganz wegzulassen, endet in einer völligen Katastrophe. Also versuchte ich, die Balance zu schaffen, mit all den Dingen, die mich ausmachten. Und eben das galt es zu entdecken.

Lass uns heute einen Ausflug machen", sagte Victoria, als ich an einem Dienstagmorgen zu ihr kam. Ich mochte die Vormittage bei ihr, wo der Verstand wach und die Gespräche anregend waren. „Wo möchtest du hin?" fragte ich noch etwas zögerlich. „Das Wetter ist herrlich heute. Was hältst du von einem Spaziergang im Georgiengarten?" fragte Victoria begeistert. Ich stimmte zu, denn ich liebte die großen Rasenflächen, auf denen die Menschen ihre Freizeit verbrachten, mit Grillen, Picknicken, Ballspielen, Genießen, etwas Erholung suchten von dem Lärm der Stadt.

Wir nahmen unsere Fahrräder und waren in 15 Minuten dort. Als wir so schlenderten und über die Schönheit der Natur sprachen, blieb Victoria an einer Trauerweide stehen. Direkt dahinter stand eine Bank. „Komm, setzen wir uns eine Weile", sagte sie, setzte sich und zeigte mit ihrer Hand auf den Platz neben sich. Ich setzte mich zu ihr und wartete. „Ich würde dir gerne meine Sicht des Bewusstwerdens näher erklären", sagte Victoria und ich lächelte, weil mir klar wurde, dass ich die Momente, in denen sie mir etwas Bedeutendes sagen wollte, vorher spüren konnte.

„Es ist immer nur eine Sicht auf das Leben. In diesem Moment empfinde ich es so. In diesem Moment, mit meinen jetzigen Möglichkeiten", erklärte mir Victoria. Ich nickte, da es etwas war, das Victoria mir schon oft erklärt hatte. Es nahm mir selbst den Druck, wenn ich anderen Menschen etwas erklärte.

Als Victoria fortfuhr, blickte sie mich freundlich an. In ihrem Blick lag ein Funken, den ich manchmal bei Kindern beobachtete, die einen Witz erzählen wollten. Die Vorfreude auf den Moment der Pointe lag in ihm.

So, aber eben erwachsener, sah Victoria mich an, als sie begann: „Du hast mir mal beiläufig gesagt, dass du zu Hause nur noch Wasser aus der Leitung trinkst, so wie ich es tue." Ich nickte und sagte: „Ja, das stimmt." „War das schon immer so?" fragte Victoria. „Nein, nicht unbedingt. Zu Hause bei meinen Eltern gab es Wasser mit Kohlensäure aus Glasflaschen. Mein Vater kaufte sie immer in Kisten", erklärte ich und kam mir dabei etwas seltsam vor, über so Belangloses zu erzählen. Dennoch fuhr ich fort, denn Viktoria lehnte sich zurück und wartete scheinbar auf meine Ausführung.

Also überlegte ich kurz, erinnerte mich und erzählte weiter. „Als ich mit meinem Freund zusammenzog, hatten wir keine Lust, die schweren Kisten zu schleppen und haben uns einen Soda Maxx gekauft, oder wie das hieß. Genau weiß ich es nicht mehr.

„Gut", sagte Victoria. „Wie ging es dann weiter?" Ich überlegte wieder, suchte nach einem tieferen Sinn, und da fiel mir ein Ereignis ein. „In unserer jetzigen Wohnung, im zweiten Stock eines Altbaus, trinken wir nur noch Wasser aus der Leitung. Wir waren mal zum Geburtstag unserer befreundeten Nachbarin eingeladen. Dort hatte ich eine Unterhaltung mit ihrer Schwester. Sie war Journalistin und hatte für einen Artikel, in dem es ums Wasser ging, so einiges recherchiert. Sie klärte mich über den Irrsinn auf, Wasser in anderen Ländern in Plastik zu füllen und quer durch die Welt zu schiffen, um es in unseren Läden teuer zu verkaufen. Obwohl wir bestes Wasser, das ständig kontrolliert wird, aus der Leitung bekommen. Und das auch noch günstig, ohne zu schleppen und die Umwelt zu belasten. Ein Irrsinn ist das", endete ich. „Das stimmt!" sagte Victoria leise. „Es ist Irrsinn und dennoch Realität. Also kaufst du kein Wasser in Plastikflaschen mehr?" fragte sie mich. „Nein, natürlich nicht. Ich würde nicht mehr auf die Idee kommen. Genauso wenig kaufe ich Fleisch aus Massentierhaltung oder Eier aus Bodenhaltung. Wusstest du, dass männliche Küken geschreddert werden nach der Geburt? Wie schrecklich ist das denn? Wenn ich so etwas erfahre, kann ich nicht mehr zurück!"

Mir blieb etwas die Luft weg, da ich mich so aufregte, über all die Missstände. Ich stand auf, weil ich nicht mehr sitzen konnte. Lief etwas auf und ab. Eine kleine Weile.

Eine Mutter kam mit ihrem Kinderwagen an uns vorbei und brachte mich abrupt auf andere Gedanken. Ich merkte nicht, dass ich ihr hinterher schaute und mich so beruhigte. Nach einer Weile, wahrscheinlich dauerte die Situation nur ein paar Sekunden, wurde ich mir wieder bewusst, wo ich war und drehte mich zu Victoria um. Sie sah mich an, beobachtend. Ich fühlte mich eigenartig ertappt und wurde rot.

„Siehst du sie schon länger?" fragte mich Victoria sanft. – „Wen?" fragte ich. – „Mütter mit ihren Kinderwagen", antwortete sie. – „Nun ja, ich finde es komisch. Plötzlich scheinen überall schwangere Frauen zu sein oder Mütter mit Kinderwagen. So viele gab es doch früher nicht", sagte ich. – „Meinst du wirklich? Hat sich die Anzahl der Frauen mit ihren Kindern plötzlich so stark vermehrt, oder hat der Wunsch nach einem Baby in dir das Bewusstsein dafür geweckt?" fragte Victoria.

———

Nach einem kurzen Moment schmunzelte ich. Lächelte, ein Lächeln, das mich ausfüllte. Victoria und ich genossen die Stille dieses Moments. Ich setzte mich wieder zu ihr und schaute in die Ferne, ohne wirklich etwas zu sehen. Mein Blick war nach innen gerichtet.

Stille

Stille

Stille

Stille

Ohne ein weiteres Wort standen wir auf. Im Einklang mit uns, gingen wir einen Schritt nach dem anderen weiter. Schlenderten, hakten uns hin und wieder bei der anderen unter. Sahen weitere Paare mit ihren Babys. Ein Vater, der sein Neugeborenes in einer Trage vor der Brust trug, während die Mutter neben ihm ging. Erholungsuchend blickte sie in die Wolken. Erschöpft und erfüllt schien ihr Blick. Ich lächelte sie an. Sie lächelte zurück. Victorias Arm schloss sich um mich. Liebevoll war diese Berührung, und ein paar Tränen rannen über mein Gesicht. Ich ließ sie laufen, hinterfragte sie nicht, schämte mich ihrer nicht. Darüber war ich hinaus.

Unsere Füße trugen uns immer weiter, vorbei an Bäumen und Wiesen. Über uns ein blauer Himmel, nur ein paar weiße Wolken waren zu sehen. Ich versuchte etwas in der dicken Wolke über uns zu erkennen. Ein Kopf, Ohren, Nase, es sah aus wie ein kleiner Hund. Ich lächelte, strich über Victorias Arm und dachte, dass ich mir ein so inniges Zusammensein immer gewünscht hatte.

Da fiel mir unsere Unterhaltung über das Wasser wieder ein. „Warum genau hast du mich danach gefragt, ob ich Wasser in Plastikflaschen kaufe?" fragte ich, ließ die Frage allerdings unbeantwortet und fuhr fort: „Ah, es ist ähnlich wie mit den Kinderwagen, oder? Ab dem Moment, wo es mir bewusst wurde, dass ich ein Baby möchte, sah ich sie". – Viktoria nickte. – „Das verstehe ich gut. Es ändert praktisch meine Realität." – „Ja, das ist so", sagte Victoria. „Hast du an dem Abend bei deiner Freundin zum ersten Mal über die Problematik gehört oder begegnete dir das Thema schon früher?" fragte mich Victoria. – „Nein, natürlich nicht. Ich habe auch früher schon Berichte darüber im Fernsehen gesehen oder darüber gelesen."

Ich überlegte. „Ich kann es nicht richtig erklären, aber an diesem Abend ging mir irgendwie ein Licht auf, fiel der Groschen, oder wie immer du willst", sagte ich. Wir gingen ein paar Schritte schweigend weiter. „Also war ich erst an diesem Abend richtig offen dafür? – Ja, so war es," beantwortete ich meine Frage selbst.

„Wie empfindest du Menschen, die dieses Bewusstsein noch nicht haben oder niemals haben werden?" fragte mich Victoria. – „Mich macht es oft wütend, dass die Menschen so blind sind. Wie sie unbedacht kaufen, was ihnen in die Finger kommt, ohne Rücksicht auf die Umwelt. Sie glauben so oft, dass in der kurzen Befriedigung ihrer Bedürfnisse ihr ganzes Glück liegt", antwortete ich, ohne zu zögern. Es schoss aus mir heraus.

Ja, ich fand es schrecklich. Allerdings – wenn sie das Bewusstsein nicht hatten? Wie konnte ich dann über sie urteilen? Wie konnte ich verurteilen, was ich selber noch vor ein paar Jahren gemacht hatte. Da hatte ich es auch noch nicht besser gewusst.

Ein kalter Schauer huschte über meinen Körper.

„Ich glaube ich weiß, worauf du hinaus möchtest", sagte ich mit einer Resignation in der Stimme, die ich bis dahin in dieser Form nicht kannte. „Es macht mich still, Victoria. Die Wut, die ich empfunden habe, scheint zu verschwinden." Sie überließ mich meinen Gedanken.

„Wie fühlt es sich noch an, Liebes? fragte Victoria sanft. – „Irgendwie ruhig. Als würden sich meine inneren Waffen zur Ruhe legen.

Das klingt vielleicht blöd, aber anders kann ich es nicht beschreiben", antwortete ich. – „Und was ist noch spürbar in deinem Körper?" fragte sie mich.

Ich schloss die Augen. Atmete tief ein und aus und spürte. Ich fühlte mich wohl. Es prickelte leicht auf meiner Haut, ach, und auch in mir. Waren meine Hände nicht eben noch eiskalt gewesen?, überlegte ich. Ja, ich glaubte schon. Jetzt waren sie warm und es fühlte sich schön an. Hm, ja, wie meine richtige Temperatur. Gibt es eine richtige Temperatur? Wahrscheinlich schon. Heilende Menschen sollen immer eine gleiche Temperatur in den Händen haben. Das habe ich doch mal gelesen, oder? Hm, und wenn ich mich weiter mit den Dingen beschäftige, die mich belasten, geht es dann meinem Körper immer besser? Kann ich so auch andersrum herangehen?

„Ja, meine Liebe", sagte Victoria. „Das alles ist möglich." Ich verstand, ohne wirklich alles zu verstehen. Es war nicht nötig.

„Was ist mit deinen Kopfschmerzen, die du vorhin noch hattest?" Moment, es stimmte. Sie waren weg. Aber woher wusste sie das? Na klar, sie wusste es. Ich mochte, dass sie es wusste. Lächelnd sah ich Victoria an. Sie sah in die Ferne und lächelte auch.

An die Stelle von Wut trat etwas anderes. Ich spürte eine leichte Aufregung, eine Vorfreude in mir.

„Vielleicht könnte ich aufklären, anstatt zu verurteilen. Mir kommt es so vor, als hätte ich plötzlich mehr Luft zum Atmen und als warteten Ideen in mir, die jetzt geboren werden können", sagte ich mehr zu mir, als zu ihr. „Schön, meine Liebe", sagte Victoria lächelnd. „Das ist gut so. Jetzt kehrt Frieden ein in dir. Du beschäftigst dich nicht mehr mit anderen, mit ihren Stufen des Bewusstseins. Versuche sie nicht zu bewerten. Versuche dich selbst nicht zu bewerten. So wirst du frei sein."

––––––––––

Menschen kamen und gingen. Oft saß ich auf meinem Lieblingssessel und beobachtete das bunte Treiben. Es kamen alte Bekannte, die nach Jahren „Hallo" sagen wollten. Sie erzählten von ihrem Leben, wie sie es lebten und was sie aus allem machten. Manche kamen mit fragenden Gesichtern. Sie brauchten Victorias Rat oder fanden ihre Antworten durch eine andere Begegnung, die sie wie zufällig machten.

Es kamen Musiker mit ihren Instrumenten, um zu bleiben, sich zu finden, den Moment zu bespielen. Sie kamen mit neuen Texten und Melodien, um in Victorias wohlwollende Augen zu blicken. Durstig nach Bestätigung, die sie so schmerzlich zu vermissen schienen.

––––––––––

Ich erinnere mich noch an eine ganz besondere Begegnung. Es war an einem lauen Spätsommerabend, als zwei Frauen zur Tür hereinkamen. Victoria zündete gerade ihre Kerzen an und lächelte, als sie sie sah. Da war ein kurzes Blitzen in unseren Augen, als wir uns ansahen. Der Raum schien sich zu verändern. Die Luft wurde dicker, die Energie veränderte sich. Sie waren lebendige, wunderschöne

Geschöpfe. Die eine sinnlich in ihrer Weiblichkeit. Sie trug ein blaues langes Kleid, das ihre Rundungen umspielte. Ihr Dekolleté schmückte eine Kette, an der ein eingefasster, roter Stein hing. Beim näheren Hinsehen wirkte dieser Stein mütterlich auf mich, eigenartig.

Erde, ja, Erde und auch ein wenig Luft, klang es in mir.

Die andere war pure Lebendigkeit. Sie trug eine leichte braune Sommerhose und dazu ein luftiges, kurzärmeliges, weißes Oberteil. Ihre Haare waren mittellang und etwas gewellt. Etwas Kindliches, Offenes strahlte sie aus. Sofort empfand ich Liebe. Da war dieser Blick. Neugierig schaute sie in die Welt.

„Wasser, ja, Wasser und etwas Feuer, natürlich", dachte ich.

Sie wirkten, als würden sie auf den nächsten Absprung warten. Auf das letzte große Verstehen, um dann voll und ganz zu erblühen. Ich selber fühlte mich ähnlich zu dieser Zeit und sehr zu ihnen hingezogen. Etwas Unerklärliches schien uns zu verbinden. Es verwirrte mich, da ich das Gefühl hatte, wir kannten uns aus einer vergangenen Zeit, als hätten wir uns endlich wiedergefunden.

Sie setzten sich mit ihren Gitarren auf die Kissen und fingen an zu spielen. Ihre Stimmen klangen klar, melancholisch und voller Liebe. Die Melodie schien direkt aus ihren Seelen zu tönen. Sie klang vertraut, wirbelte auf, traf und berührte. Es war ein wunderschönes Lied, und nach den ersten paar Tönen liefen mir Tränen über meine erhitzten Wangen. Als sie endeten, sah ich auch in ihren Augen Tränen glänzen. Am liebsten hätte ich diesen Moment eingefroren. Victoria griff hinter sich in das Regal und sagte: „Wenn ihr euch doch nur mit meinen Augen sehen könntet. Ihr würdet erkennen, wie schön ihr seid, und damit meine ich nicht nur eure äußere Schönheit. Damit meine ich alles, was ihr seid, eure Stärke und eure Verletzlichkeit, euren Mut und eure Unsicherheit. Ihr müsst euch nicht entscheiden, nicht wählen. Ihr seid so Vieles, und das macht eure wahre Schönheit aus. Jetzt und hier habt ihr schon alles, was ihr braucht. Jede von euch ist vollkommen." Versunken und still saßen wir da. Es bedurfte keiner weiteren Worte.

Victoria nahm das mir schon so vertraute Buch zur Hand. Sie sah nicht auf und begann in ihrer ruhigen Art zu lesen:

DER KLEINE FISCH,
DER FLIEGEN LERNTE

Es war einmal ein kleiner Fisch. Er lebte mit anderen kleinen Fischen in einem tiefen See. Dieser tiefe See war so tief, dass die Sonne den Grund des Sees nicht berühren konnte.

Er war glücklich, schwamm für sein Leben gern in großen, kreisenden Bahnen. Er drehte sich, schwamm schnell und dann wieder langsam, ließ sich von der Strömung treiben und genoss dieses Gefühl zu schweben. Zeit kannte der kleine Fisch nicht, auch nicht Wärme oder Kälte. Bis zu diesem einen Tag. Als plötzlich alles anders wurde.

Was dieser kleine Fisch nicht wusste, war, dass es lange Zeit nicht mehr geregnet hatte. Das Land immer trockener wurde und der See einen Teil seines Wassers verlor. So geschah es, dass es wärmer und heller wurde dort in den tiefen Gründen des tiefen Sees.

Allmählich erkannte man Umrisse, Steine, Wasserpflanzen. Der kleine Fisch erkannte die anderen kleinen Fische. So bunt und glitzernd. Nur er selbst? Er war grau. Wie der Boden des Sees. Wie die Steine tief unter ihm hatte er ein graues, farbloses Gewand.

Der kleine Fisch wurde traurig. Schwamm nur noch lustlos umher. Keine großen Kreise mehr. Kein Dahintreiben. Er wurde müde und entfernte sich immer mehr von seinem Schwarm. So geschah es, dass er der Oberfläche des Sees immer näherkam.

So verging die Zeit ...

Eines Tages kitzelte etwas an seinen Flossen. Es fühlte sich hell und warm an. Er blinzelte und sah zum ersten Mal Sonnenstrahlen, wie sie als silberne, glänzende Fäden ins Wasser schienen. Der kleine Fisch hatte noch nie so etwas Schönes gesehen. Aufgeregt und voller Freude wollte er nur noch eins. Da hinauf, wo diese Strahlen herkamen. Er nahm seine ganze Kraft zusammen, plusterte sich auf und schoss wie ein Pfeil nach oben.

An der Luft angekommen, erstrahlten seine Schuppen in den leuchtendsten Farben. Er konnte sein Glück nicht fassen.

Von diesem Tage an lernte der kleine, graue Fisch zu fliegen und schon von weitem sah man ab und an ein buntes, glitzerndes Leuchten über dem tiefen See.

Martha, 11 Jahre

Victoria endete und atmete tief aus. Mit einem verschmitzten Lächeln sah sie uns an und hob das Buch. Die Seiten waren noch aufgeschlagen, und wir blickten auf einen bunten Fisch. „Diesen Fisch hat die Enkeltochter einer Freundin gezeichnet, und mir mit einem scheinbar so einfachen Satz Mut gemacht. „Ich kann es richtig fühlen", sagte sie mir damals, als ich ihr die Geschichte vorlas. So, wie ich es jetzt in euch spüren kann.

Ich musste lächeln über die Geschichte, über mich, über uns. Das Lächeln wurde breiter. Ich spürte, dass auch die anderen Frauen lächelten. Wir sahen uns an. Aus unserem Lächeln wurde ein Lachen. Erst zögerlich und dann lauter, gelöster. Wir lachten, bis uns der Bauch schmerzte und uns die Tränen kamen. Zur Erinnerung schenkte mir Victoria die Originalzeichnung des Fisches, und ich hängte sie in mein Badezimmer.

Oft passierte es, dass ich schon morgens beim Zähneputzen lächeln musste, wenn ich ihn sah.

NACHTISCH

Jahre waren vergangen. Wir lebten immer noch in der selben Stadt. Unsere Familie war komplett. Nach meinem Sohn hatte ich meine Tochter zur Welt gebracht. Ich war nun Mutter. Sorgte mich, liebte, lachte, schimpfte. Kam an meine Grenzen, um mir gleichzeitig durch sie viel näher zu sein. Genoss die Zeit mit ihnen und die Zeit, in der ich mit mir allein war. Meine Kinder waren mittlerweile schon groß, in der Schule und relativ selbständig. Sie gingen ihren Hobbys nach, trafen Verabredungen.

Ich widmete mich auch anderen Dingen. Schrieb, organisierte, brachte zusammen, was zusammengehörte, beriet, fühlte und fing an, mehr und mehr meiner Bestimmung zu folgen. All die Zeit wusste ich, dass es da noch etwas gibt. Es war wie ein leises Rufen. Als fehlten noch ein paar Puzzleteilchen, bis das Bild vollständig ist.

Eines Morgens schlich ich, wie immer, in die Zimmer meiner Kinder. Sah ihre friedlichen Gesichter. Musste mich überwinden, sie aus ihrem süßen Schlaf zu reißen. Meinen Sohn weckte ich zuerst. „Guten Morgen, mein Schatz", sagte ich ganz leise. Er rekelte sich kurz und trotz seiner Müdigkeit brachte er mit seiner sanften Stimme, die ich so liebte, ein „Guten Morgen" hervor. Nachdem wir alle fertig waren, brachte ich meine Tochter zur Schule. Mein Sohn war schon losgegangen, und auf dem Weg zu meinem Fahrrad, fragte ein etwas älterer Nachbarsjunge: „Kann sie noch nicht allein zur Schule gehen?" Ich musste schmunzeln. „Natürlich kann sie das. Aber es macht uns einfach Spaß." Lachend öffnete ich mein Schloss und sah einen Moment die Verwirrung in seinem Gesicht. „Ach, es gibt noch andere Möglichkeiten als entweder – oder", konnte ich in seinem Blick erkennen.

Ein feiner Regen tropfte auf unsere Gesichter. Es machte uns nichts aus. Wir genossen dieses Ritual. Wie immer waren wir zu spät dran. Sie setzte sich auf den Sattel, und ich fuhr los. „Schneller Mama!" rief sie mir zu. Ich fuhr schneller, wir lachten. Ich nahm ihren Arm und schlang ihn um meinen Bauch, lehnte mich mit meinem Oberkörper ein Stück zurück, so dass es sich fast wie eine Umarmung anfühlte. Ich sog ihn auf, diesen Moment. Wir liebten es.

Angekommen, sprang sie vom Rad, drehte sich zu mir, gab mir einen Kuss „Tschüss, Mama", sagte sie und rannte los.

„Tschüss, Motte, und viel Spaß", rief ich ihr hinterher.

Blickte ihr nach, lächelte und liebte.

Nach einem Moment drehte ich mich um und lief die Straße entlang. Ich stieg nicht wieder auf mein Fahrrad, sondern hatte Lust zu laufen. Die Regentropfen waren fein und sanft. Ich genoss ihre Berührung auf meiner Haut, das kühle Gefühl auf meinen Wangen, die Klarheit der Luft. Meine Beine trugen mich einen Schritt nach dem anderen. Einem Ziel entgegen, das ich in mir zu tragen schien. Über mir ein Schwarm Vögel. Vorbei an Häusern, über Pflastersteine, die durch den Regen feucht glänzten. Der Himmel klärte sich auf, und ein paar Sonnenstrahlen brachen durch die Wolken. Es roch intensiv nach Erde – und ein mir vertrauter und zugleich fremder Duft breitete sich aus. Versunken in diesen Duft fand ich mich plötzlich vor einer Art Laden wieder. Er schien verlassen, wie im Schlaf. Ein Zettel klebte an der Fensterscheibe, mit einer Handynummer und den Worten:

Zu verkaufen

Über dem Fenster war ein Schild angebracht, das noch auf seinen Namen zu warten schien. Die Tür war halb geöffnet, und ich ging hinein. Wieder dieser betörende Duft. Das Licht war diffus, und ich musste mich erst einen Moment an das dunklere Licht gewöhnen. Ich blickte mich um, sah auf die Fensterfront. Atmete langsam ein und aus. Der Raum füllte mich aus, umhüllte mich, wurde zu mir und ich zu ihm.

Vor mir, ein paar Stufen höher, hing ein silberner Spiegel an der Wand, Ornamente zierten ihn. Ich wusste, was sich dahinter verbarg. Ich ging auf ihn zu.

Sah im Spiegel, wie sie mir entgegen kam. Das gleiche Wissen, ein tanzender Gang. Mein Blick vernebelte sich. Wir sahen uns an. Ich blinzelte und der Nebel löste sich auf. Der Spiegel zerbrach und ich erkannte endlich mich.

ESPRESSO

UND EIN KLEINES STÜCKCHEN SCHOKOLADE DAZU

Seit dem ersten Wort, da vorn am Anfang, sind nun etwa zwei Jahre vergangen. Unglaublich, aber wahr. Mir kommt es vor wie ein Quantensprung, wie Lichtjahre entfernt. So vieles ist passiert in dieser Zeit, dass ich darüber wiederum mehrere Bücher füllen könnte. Ein Virus hat sich über unsere Erde verteilt und unser gewohntes Leben auf den Kopf gestellt. Nichts ist mehr wie es war.

Was bleibt über, wenn alles wegbricht? Wenn wir uns nicht mehr ablenken können, sondern gezwungen werden, die Zeit mit uns selbst zu verbringen. Ich weiß, da wird es eng, denn ich habe es selbst erlebt. In dieser Krise bin ich mir selbst so nah gekommen und das in einer Intensität, die ich nicht für möglich gehalten hätte. Wie auch – nur durch das Erleben selbst weiß ich, was wirkliche Nähe bedeutet und wie vieles, was vorher so wichtig war, nun seine Bedeutung verloren hat.

Das Gefühl sich selbst zu lieben und diese Liebe auch durch sich selbst zu erfahren, füllt mich vollkommen aus. Es gibt kein wenn oder aber mehr. Kein „wenn ich das erst mal gelernt habe, dann". Kein „wenn ich erst mal so aussehe", kein „wenn er oder sie mich erst mal wertschätzt und beachtet". Nein, all diese Bedingungen der Liebe sind nur noch eine Erinnerung.

Sicher wird diese Nähe in meiner Zukunft auf die Probe gestellt, aber ich habe keine Angst davor, denn jetzt ist sie da und ich werde mich immer daran erinnern. Mein Körper, mein Geist, meine Seele vergisst nicht. Alles, was ich jemals gelernt habe, ist in mir, und ich vertraue darauf, dass ich bei Bedarf daraus schöpfen werde.

Nun schließe ich diese Geschichte ab. Gesättigt und zufrieden blicke ich auf ein Morgen, das ich noch nicht kenne und dennoch herzlich willkommen heiße.

DANKE

Wann ist es gut genug? Diesen Moment festzulegen, ist unglaublich schwer. Immer und immer wieder bin ich all diese Zeilen durchgegangen. Habe sie verändert und würde sie noch weiter verändern. Dennoch habe ich beschlossen, dass es jetzt genügt. Jetzt gebe ich diese Zeilen in andere Hände. Loslassen. Ja, loslassen. Darum freue ich mich, dass ich nun auf die fähigen Menschen in meinem Umfeld zurückgreifen kann. Sie werden anstreichen, die Schreibfehler, die Kommata.

———

Beim Entstehen dieses Buches war meine Mutter sozusagen hautnah dabei. Wie oft habe ich sie angerufen und ihr vorgelesen. Immer und immer wieder sind mir dabei die Tränen geflossen. Und meine Mama? Sie hat zugehört, immer und immer wieder. Was dieses Buch für mich in seiner Entstehung bewirkt hat ist, mich mit mir selbst auseinanderzusetzen. Meine inneren Gedanken in eine (wie ich hoffe) verständliche Sprache zu bringen. Meiner Mutter noch näher zu kommen. In einer reiferen, erwachseneren Art, in der das Kind Gehör bekommt, weil es gelernt hat, zu sprechen.

———

Ella und Devin ihr seid mein größtes Glück, mein Schloss in den Wolken. Ihr seid alles und noch viel mehr.

––––––––

Ich freue mich auf all die anderen Begegnungen, die noch kommen werden. Auf weitere besondere Menschen, die ein für mich wichtiges Puzzleteilchen in sich tragen. Ich freue mich darauf, dieses Leben zu leben, mit all seinen Schönheiten, all seinen Herausforderungen. Die Neugierde wird mein Freund und Begleiter bleiben.

––––––––

Danke an euch, die mir zugehört haben und mich bestärkt haben. Danke an alle, die mit ihren Fragen zu mir gekommen sind und noch kommen werden. Durch euren Mut, euch zu öffnen und euer Innerstes mit mir zu teilen, konnte ich so viel lernen. Danke an euch für eure Hingabe und euer Vertrauen. Es ist schön mit euch, hier gemeinsam auf diesem Planeten.

Eure Christine

ÜBER DIE AUTORIN

Christine Halat verfasste bereits als Teenager ihre ersten Geschichten und Gedichte. Sie schreibt über spirituelle Themen, Philosophie und fantastische Geschichten für „große" und „kleine" Menschen.

Geboren als hochsensibles und temperamentvolles Kind im April 1975 in Salzgitter, folgte sie ihrer inneren Stimme und verließ nach einigen Jahren ihren gelernten Beruf, um ihrer wirklichen Berufung zu folgen.

In Deutschland wirkte Sie bereits viele Jahre als Medium und half Menschen auf der Suche nach sich selbst und den vielen unbeantworteten Fragen, die in uns allen wohnen.

Zur Zeit lebt sie mit ihrer Tochter an der Algarve, ihrem Herzen folgend.

_____

An all die Suchenden, Liebenden und Fragenden, ihr seid herzlich eingeladen:

christin.free.move@gmail.com